Inhalt

Branchenreport MARKETING & WERBUNG
Ausgabe 1/2014

Kernthesen

Beitrag

Zahlen und Fakten

Weiterführende Literatur

Impressum

GENIOS BranchenWissen Nr. 05 vom 15.05.2014

Branchenreport MARKETING & WERBUNG Ausgabe 1/2014

Anja Schneider

Kernthesen

- Der deutsche Werbemarkt vermeldete für 2013 laut Nielsen brutto ein kleines Plus.
- Dem globalen Werbemarkt wird in den kommenden drei Jahren Wachstum prophezeit.
- Größter Werbeträger ist das Fernsehen, am schnellsten wächst das Werbemedium Internet.
- Mobile soll weltweit in knapp drei Jahren Radio, Zeitschriften und Außenwerbung überholen und zum viertgrößten

Werbemedium aufsteigen.

Beitrag

Werbemarkt in Deutschland: 2013 besser als erwartet, erstes Quartal 2014 ebenso

Das formidable Weihnachtsgeschäft rettete dem deutschen Werbemarkt die Bilanz für 2013. Allein von Oktober bis Dezember erhöhte sich der Werbedruck um knapp fünf Prozent. Laut Werbemarktforscher Nielsen kletterten die Werbeausgaben der Unternehmen in Deutschland von 2012 auf 2013 um unerwartete zwei Prozent auf 26,7 Milliarden Euro - brutto, wohlgemerkt, netto dürfte die Bilanz weniger gut ausfallen. (1)
Bereinigt um Rabatte wurden 2013 laut Zentralverband der deutschen Werbewirtschaft ZAW 260 Millionen Euro weniger ausgegeben (-1,4 Prozent) - netto also insgesamt 18,16 Milliarden. Die aktuelle Berechnung der Agentur Jäschke Operational Media (JOM) bestätigt diese Brutto-Netto-Diskrepanz: JOM kommt - bereinigt um Preissteigerungen der Medien und Rabatte - auf ein Minus von 1,5 Prozent für das vergangene Jahr. (2)

Auch das neue Werbejahr fing besser an als im Vorjahr. Noch ohne Ostergeschäft schaffte der Werbemarkt nach den Zahlen der Nielsen-Marktforscher im ersten Quartal ein Volumen von 6,3 Milliarden Euro und damit ein Wachstum von 2,9 Prozent gegenüber dem Vorjahr (brutto). Die Branche zeigt sich in guter Stimmung. (3)
Für das Gesamtjahr 2014 prognostiziert JOM ein Nettoplus von 0,9 Prozent und einen Anstieg der Nettoausgaben auf 22 Milliarden Euro. Die Mediaagenturgruppe Zenith Optimedia stellt dem deutschen Werbemarkt im laufenden Jahr ein Wachstum von 1,5 Prozent in Aussicht; 2015 und 2016 sollen es dann sogar nur noch 1,3 und 1,2 Prozent sein. (2), (4)

Werbemarkt international wächst, Europa hält nicht mit

Laut Global Adview-Bericht von Nielsen stiegen 2013 die **weltweiten** Bruttowerbeaufwendungen: im ersten Quartal um gut zwei Prozent, im zweiten Quartal um bereits 3,5 Prozent, insgesamt also ein Plus von 2,8 Prozent. Beim Blick auf die Branchen zeigte sich weltweit ein Rückgang der Werbeaktivitäten der Automobilindustrie und der Finanzbranche. Bei den Werbeträgern hatte weiterhin das Fernsehen die Nase vorn; es erreichte einen

Marktanteil von 57 Prozent und legte 2013 um rund vier Prozent zu. Die Online-Werbung hatte mit vier Prozent einen geringen Anteil an den globalen Werbespendings, wies jedoch mit plus 27 Prozent ein hohes Wachstum auf. (5)
In **Europa** war keine Belebung der Werbemärkte zu beobachten. Hier waren die Aufwendungen in den ersten sechs Monaten 2013 mit einem Minus von sechs Prozent rückläufig.auch im laufenden Jahr legen die Marktauguren für die Entwicklung des globalen Werbemarkts deutlich mehr Optimismus an den Tag als für den europäischen und deutschen. Die Mediaagenturgruppe Zenith Optimedia stellt für das laufende Jahr 2014 ein globales Wachstum von 5,5 Prozent in Aussicht, 2015 sollen es dann 5,8 Prozent, 2016 sogar 6,1 Prozent sein. (4)

Mediengattungen: Out-of-Home Wachstumssieger, TV gewinnt, Print verliert

Gemessen am Bruttoumsatz liegt TV-Werbung auf Platz eins, die Tageszeitungen auf Platz zwei und die Publikumszeitschriften auf Platz drei. Dahinter folgen Online, Radio, Plakat, Fachzeitschriften und Kinowerbung. Die Entwicklung der einzelnen Mediengattungen verlief 2013 unterschiedlich. Das

Fernsehen konnte auf Bruttobasis um 5,7 Prozent zulegen und zwölf Milliarden Euro Werbespendings auf sich verbuchen. Die TV-Vermarkter rechnen auch für 2014 mit einem guten Verlauf. Mit den bisherigen Buchungen der Werbezeiten für die Fußball-Weltmeisterschaft 2014 in Brasilien, die am 12. Juni angepfiffen wird, sind die Vermarkter von ARD und ZDF bis jetzt zufrieden. Positiv ist, dass dieses Jahr die Übertragung der Spiele um 18 Uhr beginnt, also mit Einsetzen des Feierabends. Weniger gut ist, dass nach 20 Uhr erstmals das Sponsoring-Verbot bei einer Fußball-Weltmeisterschaft greift; das allerdings gilt in Deutschland nicht für die deutschen Spiele. (6) **Print** verlor 2013 um knapp fünf Prozent. Die Fachzeitschriften schlossen mit minus 3,7 Prozent ab (401,4 Millionen Euro), die Publikumszeitschriften büßten en Prozent ein (3,5 Milliarden Euro), den Tageszeitungen attestiert Nielsen ein Minus von 7,6 Prozent (4,6 Milliarden Euro). **Online** wächst, wenngleich mittlerweile leicht gebremst um 3,5 Prozent. Die Online-Werbung erreichte damit knapp drei Milliarden Euro. **Radiowerbung** war vor allem im ersten Halbjahr stark; sie legte um 3,6 Prozent zu und lag am Jahresende bei 1,6 Milliarden Euro. **Out-of-Home-Medien** sind die Gewinner des abgelaufenen Werbejahres: Sie erzielten laut Nielsen Deutschland 2013 bei den Bruttowerbeeinnahmen ein Plus von elf Prozent gegenüber dem Vorjahreszeitraum, erreichen kumuliert 1,5 Milliarden

Euro - und boomen damit stärker als jede andere Gattung. Im **Kino** fielen die Bruttowerbeeinnahmen um minus 2,1 Prozent auf 101,3 Millionen Euro. (1), (7), (8), (9)
Im ersten Quartal 2014 gab es einen kleinen Lichtblick für den Print-Bereich. Die Zeitungen verloren zwar weiter, aber nicht mehr so stark wie in den vergangenen Zeiträumen (minus 1,8 Prozent). Die Magazine waren fast stabil (minus 0,3 Prozent). TV legt erneut zu (plus 6,5 Prozent). Die größte Steigerung schaffte Mobile (plus 24,2 Prozent). (3)

Agenturen: Mehr Umsatz, bessere Rendite, Optimismus

2013 war ein richtig gutes Jahr für das Gros der inhabergeführten unabhängigen Werbeagenturen. Der Markt für die 45 größten Häuser hat sich gegenüber 2012 um satte 10,5 Prozent auf gut 889 Millionen Euro erhöht. Bei den Mitgliedern des Branchenverbands GWA betrug das durchschnittliche Wachstum 5,3 Prozent. Die Zahl der Mitarbeiter wuchs im gleichen Zeitraum um 12,5 Prozent auf 7 790 Angestellte. Für das laufende Jahr wird sogar ein Umsatzzuwachs von 7,4 Prozent prognostiziert. Zu diesem Ergebnis gelangt der GWA Frühjahrsmonitor 2014. Die durchschnittliche Umsatzrendite der Agenturen stieg von 10,5 auf 11,7

Prozent. Für 2014 erwarten sie sogar eine Marge von 12,8 Prozent.
Eine leichte Trendwende gab es bei der Honorierung; hier war in den vergangenen Jahren der Anteil des Projektgeschäfts kontinuierlich gestiegen. Im vergangenen Jahr sind die Anteile der Pauschal- und der Projekthonorare im Vergleich zu 2012 etwas gesunken: Der Anteil der Pauschalhonorare am Umsatz betrug 25,8 Prozent (2012: 27,3), der Projekthonorare 47,8 Prozent (2012: 51,2 Prozent). Mehr geworden ist hingegen die Abrechnung nach Arbeitsumfang: 19,4 Prozent des Umsatzes geht auf berechneten, erbrachten Aufwand zurück (2012: 14,2 Prozent). Als größtes Wachstumsfeld identifiziert das Gros der Agenturen erneut den Online/Digitalbereich; wichtiger werden auch Markenführung und die Entwicklung von Markenstrategien. (10), (11), [Abb. 1]

Ranking: Serviceplan einsame Spitze bei inhabergeführten Agenturen

Der von den unabhängigen, inhabergeführten Agenturen betreute Markt erhöhte sich laut dem Ranking der Arbeitsgemeinschaft Rangliste von 2012 auf 2013 um satte 10,5 Prozent auf 889,5 Millionen Euro. Klare Nummer eins des Rankings ist und bleibt die Agenturgruppe Serviceplan mit 741 Millionen Euro und einem Wachstum von 15,8 Prozent. Mit 79,43 Millionen Euro liegt Jung von Matt (JvM) auf dem zweiten Platz; das Wachstum lag bei nur 1,7 Prozent. Den dritten Platz hält Media Consulta mit einem Gross Income von 50,41 Millionen Euro und einem Plus von 8,1 Prozent. Von den Top Ten meldeten fünf Agenturen ein zweistelliges Umsatzplus. Am höchsten lagen die Berliner Agentur Heimat (plus 45,4 Prozent) und die Hamburger Hirschen Group (plus 23,5 Prozent). (12), [Abb. 2]

Personal: Werbebranche will einstellen, digitale Experten gesucht

Die Zahl der Stellenangebote für Kommunikationsexperten sinkt. Der Zentralverband der deutschen Werbewirtschaft (ZAW) hat 2013 in den Stellenmärkten überregionaler Tageszeitungen, in den Fachmedien und Onlineportalen 2013 nur 3 049 Offerten gezählt. Das entspricht einem Rückgang von rund einem Drittel (29 Prozent) und damit so wenig wie zuletzt vor zehn Jahren. Gleichzeitig ist die Arbeitslosenquote, die der ZAW basierend auf Zahlen der Bundesagentur für Arbeit in Nürnberg hochrechnet, auf 6,9 Prozent gestiegen (2012: 5,3

Prozent, 2011: 4,2 Prozent). Einstellungen über persönliche Kontakte, Empfehlungen, Hochschulkooperationen, eigene Recruiting-Events der Agenturen wie etwa Texterwettbewerbe oder Strategy Weekends, sind dabei allerdings nicht berücksichtigt.
Insgesamt ist die Zahl der Beschäftigten in der Werbebranche nahezu konstant geblieben: Mit 93 6617 Beschäftigten ist sie um 0,1 Prozent gegenüber dem Vorjahr gestiegen.
Die Personalkosten der Agenturen steigen, die Suche nach neuen Mitarbeitern macht oft Probleme. Im laufenden Jahr wollen die Agenturen wieder mehr Personal einstellen. Zwei von drei GWA-Agenturen haben sich vorgenommen, personell aufzustocken, und dabei auch Mitarbeiter fest anzustellen. Zu schaffen machen der Werbebranche auch der steigende Preis- und Zeitdruck, die langwierigen Entscheidungsprozesse bei großen Unternehmen und die geringe Wertschätzung auf Seiten der Auftraggeber. (13), (11), [Abb. 3]

Branchen: Handel hängt Automobil ab

Welche Branchen gaben 2013 am meisten Geld für Werbung aus? Im Nielsen-Ranking für 2013 belegte der Handel wieder den ersten Platz. Er gab 1,69

Milliarden Euro für Werbung aus, verringerte allerdings wie auch in den beiden Vorjahren seinen Werbedruck und investierte 3,4 Prozent weniger. Dabei schlug Aldi bei Nielsen mit minus 41 Prozent durch; der Discounter investierte mehr in Prospektwerbung, die von Nielsen nicht erfasst wird. Lange hielten sich die Automobilhersteller an der Spitze. Erst am Jahresende wurden sie auf den zweiten Branchenplatz verwiesen. Sie investierten 1,64 Milliarden Euro in die Werbung, das war ein Minus von drei Prozent. In zweistelliger Höhe legten zum Beispiel Online-Dienstleistungen (14,7 Prozent), Arzneimittel (877 Millionen Euro, plus 16 Prozent) und Mobilnetze (19,5 Prozent) zu. Stärkster Werber war wieder Konsumgüterhersteller Procter & Gamble. Werbemäßig Vollgas gab Microsoft, das sein Betriebssystem Windows 8, das Tablet Surface und das Windows-Phone in den Markt drücken wollte. Auch Vodafone investierte deutlich mehr als im Vorjahr. (1), (14), (15), [Abb. 4]

Trends

Individualität: Die werbungtreibenden Unternehmen setzen seit der Finanzkrise ihre Werbebudgets deutlich überlegter ein, gehen sehr individuell vor, ein Branchengebaren gibt es weniger, die Werbeerfolgskontrolle wird immer wichtiger,

Auditoren bekommen mehr Einfluss. (15)

Mobil: Die Werbebranche hofft für 2014 auf den längst prophezeiten Durchbruch des Mobile Advertising. Im Mobile-Bereich wurden 2013 kumuliert 106,4 Millionen Euro investiert, was im Vergleich zum Vorjahr ein beachtliches Plus von 72 Prozent ausmacht. Damit hat der Markt die Prognosen des Online-Vermarkterkreises (OVK) im Bundesverband für digitale Wirtschaft (BVDW) übertroffen: Hier war man von einem Marktvolumen von 105,1 Millionen Euro für Mobile-Advertising ausgegangen. (16)Dabei hinkt der deutsche Markt dem globalen hinterher. Weltweit ist die Internetwerbung und hier insbesondere die mobile Werbung rasant auf dem Vormarsch. Laut Zenith Optimedia werden die Investitionen in Werbung, die auf mobile Endgeräte ausgeliefert wird, bis 2016 sechsmal so schnell wachsen wie Onlinewerbung auf PC und Laptops (acht Prozent jährlich). Das bedeutet, dass Mobile weltweit in knapp drei Jahren Radio, Zeitschriften und Außenwerbung überholt hat und zum viertgrößten Werbemedium aufgestiegen sein wird.Volumen von mobile heute: 13,4 Milliarden US-Dollar, das sind 2,7 Prozent des gesamten Werbekuchens.
Volumen von mobile 2016: 45 Milliarden US-Dollar, das sind 7,6 Prozent des gesamten Werbekuchens. (4)
Facebook hat Ende April ein weltweites mobiles

Werbenetzwerk vorgestellt. Mit dem weltweiten Facebook Audience Network will das Unternehmen seine Position im mobilen Werbemarkt weiter ausbauen. (17)

Zahlen & Fakten

Abbildung 1: Vergütung bei den Werbeagenturen im Jahr 2013: Projekt- und Pauschalhonorare gehen zurück

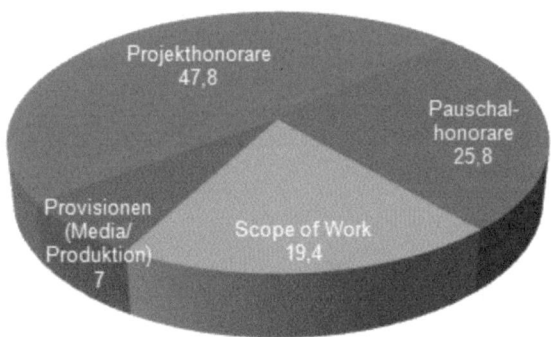

Quelle: GWA Entnommen aus: werben & verkaufen, 16/2014, S. 31 (11)

Abbildung 2: Die größten inhabergeführten Kommunikationsagenturen 2013

Rang 2013	Rang 2012	Unternehmen	Gross Income 2013 in Mio Euro	Veränderung in Prozent
1	1	ServiceplanGroup, München	201,63	15,8
2	2	Jung von Matt, Hamburg	79,43	1,7
3	3	Media Consulta, Berlin	50,41	8,1
4	4	Dialogfeld, Nürnberg	45,01	16,9
5	5	Fischer-Appelt, Hamburg	39,10	11,2
6	6	Hirschen Group, Hamburg	37,17	23,5
7	7	Medienfabrik, Gütersloh	29,60	9,3
8	8	Aperto, Berlin	26,30	0,7
9	10	Change Communication, Frankfurt	26,30	9,6
10	14	Heimat, Berlin	23,83	45,4

Quelle: Arbeitsgemeinschaft Rangliste (Horizont/W&V) Entnommen aus: Horizont, 16/2014, S. 14 (12)

Abbildung 3: Werbeagenturen fahren Jobangebote deutlich zurück

Entwicklung der
Stellenangebote der
Werbebranche

	2013	2012	2011	2010	2008	2001
Werbeagenturen	2.501	3.630	3.968	3.558	3.776	3.457
Medien	377	459	579	766	833	1.049
Werbungtreibende Firmen	171	221	302	346	653	1.540
Offerten insgesamt	**3.049**	**4.310**	**4.849**	**4.670**	**5.262**	**6.046**

Quelle: Zentralverband der deutschen Werbewirtschaft ZAW Entnommen aus: Horizont 6/2014, S. 24 (13)

Abbildung 4: Top 10 werbungtreibende Unternehmen 2013

Rang	Unternehmen	Sitz	Werbeaus- gaben 2013 in Mio. Euro	Verän- derung zu 2012 in Prozent	Werbeau gaben, D zember 2013 in Mio. Euro
1	Procter & Gamble GmbH	Schwalbach	552,4	2,9	49,6

2	FERRERO Deutschland GmbH	Frankfurt	413,9	1,1	41,9
3	L´Oréal Haarkosmetik und Parfümerien GmbH & Co.KG	Düsseldorf	399,4	14,5	59,5
4	Media-Saturn-Holding GmbH	Ingolstadt	372,2	0,8	51,6
5	Axel Springer	Hamburg	318,3	-1,7	30,9
6	Unilever Deutschland GmbH	Hamburg	264,6	-7,8	12,4
7	Lidl Stiftung & Co. KG	Neckarsulm	248,2	6,7	40,5
8	VOLKSWAGEN AKTIEN-GESELLSCHAFT	Wolfsburg	246	0,5	23,4
9	Beiersdorf Aktiengesellschaft	Hamburg	225,3	21,2	32,8
10	Deutsche Telekom AG	Bonn	213,5	0,1	43,1

Quelle: Nielsen Entnommen aus: Horizont, 04/2014, S. 22 (18)

Weiterführende Literatur

(1) Handel überholt Autos
aus Horizont 04 vom 23.01.2014 Seite 022

(2) Werbemarkt inRekonvaleszenz
aus werben & verkaufen Nr. 04 vom 20.01.2014, S. 16

(3) Ach du dünnes Ei
aus Horizont 16 vom 17.04.2014 Seite 019

(4) Mobile wächst rasant
aus Horizont 15 vom 10.04.2014 Seite 008

(5) Marktforscher verbreitet Zuversicht
aus Der Kontakter Nr. 44 vom 31.10.2013, S. 30

(6) Deutlich größeres Interesse an WM als vor vier Jahren
aus Der Kontakter Nr. 17 vom 24.04.2014, S. 27

(7) Verhaltener Optimismus für das neue Jahr
aus werben & verkaufen Nr. 04 vom 20.01.2014, S. 18

(8) BRUTTOWERBEMARKT 2013: Fernsehen der Gewinner, Print der Verlierer
aus kress.de vom 17.01.2014

(9) Außenwerbung - Vom Litfaßsäulen-Plakat zur Stadtmöblierung
aus GENIOS BranchenWissen Nr. 01 vom 22.01.2014

(10) Ein richtig gutes Jahr für die Independents
aus werben & verkaufen Nr. 16 vom 14.04.2014, S. 28

(11) GWA-Agenturen: mehr Umsatz und gestiegene Rendite

aus werben & verkaufen Nr. 16 vom 14.04.2014, S. 31

(12) Wirtschaft wächst, Umsatz steigt
aus Horizont 16 vom 17.04.2014 Seite 014

(13) Weniger sichtbar
aus Horizont 06 vom 06.02.2014 Seite 024

(14) Aldi und Penny sparen an der Klassik
aus Lebensmittel Zeitung 04 vom 24.01.2014 Seite 056

(15) Alle lieben Fernsehen
aus Horizont 06 vom 06.02.2014 Seite 038

(16) WERBEMARKT 2014 Der Durchbruch von Mobile ist in Sicht
aus kressreport vom 24.01.2014, Nr. 1, S. 24

(17) f8 Conference: Facebook startet mobiles Werbenetzwerk
aus horizont.net vom 30.04.2014

(18) D: Top Werbungtreibende Unternehmen 2013
aus Horizont, 04/2014, S. 22

Impressum

Branchenreport MARKETING & WERBUNG Ausgabe 1/2014

Bibliografische Information der deutschen Nationalbibliothek

Die Deutsche Nationalbibliothek verzeichnet diese Publikation in der deutschen Nationalbibliografie; detaillierte bibliografische Daten sind im Internet über http://dnb.d-nb.de abrufbar.

ISBN: 978-3-7379-5664-2

© 2015 GBI-Genios Deutsche Wirtschaftsdatenbank GmbH, Freischützstraße 96, 81927 München, www.genios.de

Alle Rechte vorbehalten. Dieses Werk ist einschließlich aller seiner Teile – z.B. Texte, Tabellen und Grafiken - urheberrechtlich geschützt. Jede Verwertung außerhalb der Grenzen des Urheberrechtsgesetzes bedarf der vorherigen Zustimmung des Verlags. Dies gilt insbesondere auch für auszugsweise Nachdrucke, fotomechanische Vervielfältigungen (Fotokopie/Mikroskopie), Übersetzungen, Auswertungen durch Datenbanken oder ähnliche Einrichtungen und die Einspeicherung und Verarbeitung in elektronischen Systemen.